Le pet théo
LE CARNET DE ROUTE DES ANNÉES CATÉ

Rédaction :

Jacques Perrier

Conception :

Jacques Perrier
évêque de Tarbes et Lourdes

Michel Dubost
évêque d'Évry-Corbeil-Essonnes

Stanislas Lalanne
prêtre, porte-parole des évêques de France

Christine Pedotti
co-auteur de Théo Junior *et* Théo Benjamin

Droguet & Ardant

· SOMMAIRE ·

Le signe de la croix 4

L'enseignement des Apôtres 6
La Parole de Dieu 8
L'Ancien Testament 10
Le Nouveau Testament 12
L'Église 14
Dieu Père 16
Dieu Fils 18
Dieu Esprit 20
Le Credo 22

La fraction du pain 24
Le baptême 26
La confirmation 28
L'eucharistie 30
La réconciliation 32
Les sept sacrements 34
Une année avec Dieu 36
Aller à la messe 38

La communion fraternelle 40
Aimer 42
Pardonner 44
Dire et être vrai 46
Donner sa vie 48
Bâtir la paix 50
Partager 52
Témoigner 54
Le chemin du bonheur 56

La prière 58
Des mots pour prier 60
Du matin au soir 62
Prier avec Marie 64
Les jours de bonheur 66
Les jours de tristesse 68
Ma page prière 70
Prier avec son corps 72
Prier à la maison 74
Le Notre Père 76
La croix, signe d'espérance 78

Si un jour, tu as eu envie de demander :
   les chrétiens, qui sont-ils, quelles sont leurs idées ?
   est-ce que les chrétiens vivent d'une façon spéciale ?
   est-ce qu'on est différent parce qu'on est chrétien ?
Si un jour, tu t'es dit :
   j'aimerais bien être vraiment chrétien,
   je voudrais mieux connaître Jésus et vivre comme lui,
   que dois-je faire ?
Si un jour, tu as eu envie de poser toutes ces questions,
et que tu n'as pas osé,
   parce que tu avais peur,
   parce que tu ne savais pas à qui les poser,
   parce que tu pensais que c'était compliqué et difficile,
Le petit Théo te répond et te dit ce qui est vraiment important
pour la vie d'un chrétien.

Tu vas grandir, découvrir de nouvelles choses et j'espère que tu
auras toujours envie d'être chrétien. Tu verras que *Le petit Théo*
sera un bon guide parce qu'il rappelle l'essentiel avec
des mots tout simples.

Alors, bonne lecture et bonne route !
Regarde le soleil dessiné sur cette page, je souhaite qu'il soit
aussi dans ton cœur...

Michel DUBOST

LE SIGNE DE LA CROIX

Où as-tu vu une croix ? Sur une route de campagne ? Dans une église ? Au cimetière ? Chez toi ?
Dans chacun de ces lieux, elle nous dit :
« Le Seigneur Jésus nous a tant aimés qu'il est allé jusqu'à donner sa vie pour nous. »

Sur la croix, Jésus est mort.
Elle devrait donc nous faire horreur.
Au contraire, elle est notre fierté :
nous sommes sûrs que Dieu nous aime.

Notre main va de la tête au cœur, de notre gauche à notre droite : la croix enveloppe tout notre corps, toute notre vie. En même temps, nous prononçons le nom de Dieu qui est Un dans l'amour : Père, Fils et Saint-Esprit.

Le signe de la croix est la porte d'entrée dans la foi.

LES PREMIERS CHRÉTIENS ÉTAIENT FIDÈLES À...

L'ENSEIGNEMENT DES APÔTRES

En quittant ses Apôtres, Jésus leur avait dit :
« Allez, enseignez, de toutes les nations
faites des disciples… »

Qui sont les apôtres d'aujourd'hui ?
Comment nous enseignent-ils ?
Nous est-il déjà arrivé « d'enseigner » à d'autres ?

« Nous ne pouvons taire ce que nous avons vu et entendu. » (Actes 4, 20)

LA PAROLE DE DIEU

Autrefois, les hommes adoraient des statues représentant des dieux. La Bible se moque de ces faux dieux : « Ils ont une bouche et ne parlent pas ! » Nous, au contraire, nous ne prétendons pas voir Dieu sur cette terre. Mais nous l'écoutons, nous l'entendons : car il parle !

En haut de ces deux pages, tu vois des rouleaux, des livres plus ou moins anciens : c'est la merveilleuse aventure de l'écriture, commencée il y a quelques milliers d'années.

Aimes-tu lire ? Cela dépend, sans doute. Mais quand l'histoire est intéressante,

*quand tu aimes les personnages, tu dévores.
La Bible est un livre qui nous raconte
une histoire mouvementée : Dieu parti
à notre recherche. Les personnages sont
innombrables et passionnants.
Mais les plus beaux livres, les plus belles
histoires ne vaudront jamais
les quelques mots griffonnés
par ta maman et qu'elle a laissés bien
en évidence pour que tu les trouves
en rentrant de l'école. Ce sont plus
que des mots. Ce sont des paroles,
des paroles d'amour qui réchauffent le cœur.*

*La Bible est pleine de paroles
qui nous viennent de Dieu pour nous dire
qu'il nous aime. La Parole de Dieu
est parole d'amour.*

DANS LA BIBLE,
L'ANCIEN TESTAMENT

Il a fallu des milliards et des milliards d'années pour que l'homme apparaisse sur la Terre. Il a fallu neuf mois pour que tu viennes au jour. Il a fallu deux mille ans pour qu'un peuple, Israël, accueille la Parole de Dieu.

Les Bibles complètes ne donnent pas forcément envie de lire :
le livre est très gros ;
les feuilles sont très fines ;
les mots sont écrits très petits.

« Je suis le Dieu de tes pères, Dieu d'Abraham, Isaac et Jacob. » (Exode 3, 6)

Heureusement, il existe beaucoup de Bibles illustrées, pour les enfants et pour les jeunes. Elles contiennent des passages de la Bible : c'est bien pour commencer à faire connaissance !

Fais-toi des amis de quelques grands personnages : Abraham, Jacob, Moïse, David, Isaïe… Chacun d'eux prépare à sa façon la venue de Jésus, le Nouveau Testament.

INFO PLUS

Toutes les phrases de la Bible sont numérotées. Quand tu lis 1 Samuel 17, 4, cela indique la phrase (on dit le verset) 4 du chapitre 17 du premier livre de Samuel.

PRIE AVEC LA BIBLE

Au cœur de l'Ancien Testament se trouve un petit livre de prières : le livre des Psaumes. Jésus a prié avec les psaumes. Aujourd'hui encore, juifs et chrétiens prient toujours avec les psaumes. Pour commencer, cherche dans une Bible les psaumes 8, 22 et 150.

DANS LA BIBLE,
LE NOUVEAU TESTAMENT

Par testament, les gens lèguent leurs biens à ceux qui vivront après eux. Il y a deux mille ans que Jésus nous a laissé le souvenir de ses paroles et de ses actes. Il est vivant pour toujours et il ne cesse d'agir et de parler. Son testament est toujours nouveau : il nous renouvelle.

Le Nouveau Testament comporte :
1) Quatre évangiles (saint Matthieu, saint Marc, saint Luc et saint Jean) : ils racontent la vie, les actes et les paroles de Jésus au milieu des hommes. Ce sont les textes les plus importants de la Bible, comme les quatre as d'un jeu de carte.

« Seigneur, tu as les paroles de la vie éternelle. » (Jean 6, 68)

2) Les Actes des Apôtres : l'histoire des Apôtres et des premiers chrétiens.
3) Des lettres des Apôtres (les épîtres), principalement de saint Paul, qui sont des conseils pour les premières communautés chrétiennes.
4) Le dernier texte, l'Apocalypse de saint Jean, encourage les chrétiens persécutés.
Au centre de tout le Nouveau Testament, il y a Jésus. Qui est-il ?
Comment être son disciple ?
Celui qui lit les évangiles sera toujours étonné.
Mais il faut lire à fond, c'est-à-dire réfléchir, prier, dialoguer, passer aux actes.

PETIT EXERCICE

Quels sont les événements et les paroles de l'Évangile dont tu te souviens ? Note-les et, ensuite, feuillette l'un des quatre évangiles, page après page, tout au long : tu t'apercevras que tu connais bien mal les évangiles. C'est normal, on n'a jamais fini de découvrir l'Évangile, alors fonce. Un bon truc : commence par Marc, c'est le plus court !

L'ÉGLISE

Si nous lisons bien les évangiles, nous voyons que Jésus est rarement seul. Autour de lui, il y a des gens qui vont et viennent, des disciples plus ou moins fidèles et un petit noyau : les douze apôtres. Ce sont les débuts de l'Église.

L'Église est formée par tous ceux qui se rassemblent au nom de Jésus. Il l'a promis : « Là où deux ou trois sont réunis en mon nom, je suis là, au milieu d'eux. » Les chrétiens d'aujourd'hui bien sûr, mais aussi tous ceux qui ont suivi Jésus dans le passé et tous ceux qui le suivront dans l'avenir.

« Je suis avec vous tous les jours jusqu'à la fin du monde. » (Matthieu 28, 20)

Pour se rassembler, il faut un toit, une maison. Pour rassembler l'Église, il faut des églises : c'est le même mot, sans majuscule.

Sur l'image, nous sommes à la messe, le dimanche. Sur le pupitre est posé le livre de la Parole de Dieu. Sur l'autel ont été apportés le pain et le vin que le prêtre va consacrer en Corps et Sang du Christ Jésus. Beaucoup vont communier à cette eucharistie.

Devant l'autel est préparée la cuve où deux enfants, tout à l'heure, seront baptisés : ils deviendront membres de la famille chrétienne.

INFO PLUS

D'autres mots pour parler de l'Église : maison de Dieu, peuple de Dieu, corps du Christ, vigne du Seigneur, champ du Seigneur.

INVITATION

Apprends à connaître l'église de chez toi.
N'hésite pas à y entrer en semaine : tu y trouveras la paix.
Viens le dimanche et retrouve d'autres
chrétiens. Avec eux, tu formeras l'Église de Jésus-Christ.

DIEU PÈRE

Les premiers chrétiens étaient « assidus à l'enseignement des Apôtres ». Nous aussi, nous écoutons les apôtres d'aujourd'hui. Mais qu'ont-ils à nous dire ? Tout se résume dans le signe de la croix, signe d'amour, que nous traçons « au nom du Père et du Fils et du Saint-Esprit ».

Dans l'Évangile, on voit Jésus qui vit au milieu des foules, entouré de disciples. Mais parfois, il se retire, tout seul, la nuit, pour prier. Il prie le Père, son Père. Il est le seul à le connaître et seul le Père le connaît.
À eux deux, avec l'Esprit Saint, ils ne sont qu'un.

« Je monte vers mon Père et votre Père. » (Jean 20, 17)

Jésus est seul à connaître le Père, mais il nous révèle qui est le Père. Que nous dit-il ?

Que le Père aime tous les hommes et « fait lever son soleil sur les méchants et sur les bons ».

Que le Père aime tellement le monde qu'il lui a envoyé son Fils unique.

Que le Père est toujours prêt à nous pardonner, comme le père de la parabole pardonne à son fils qui, pourtant, l'avait quitté.

LOUANGE

Nous te rendons grâce pour ton immense gloire, Seigneur Dieu, roi du Ciel, Dieu le Père tout-puissant.

ACCUEILLIR LE DON DE DIEU

**Les parents ne sont pas jaloux de leurs enfants.
Ils veulent qu'ils réussissent.
Ton Père des Cieux veut que tu réussisses ta vie,
pleinement. Il t'en donne les moyens : en connais-tu ?**

_____

_____

_____

DIEU FILS

Dieu le Père, nul ne l'a jamais vu. Jésus, nous ne le voyons pas maintenant mais il s'est donné à voir, il y a deux mille ans : nous avons fêté récemment cet anniversaire. Les Apôtres ont rendu témoignage de ce qu'ils ont vu.

Le Père, le Fils et l'Esprit Saint ne sont qu'un. Ne séparons pas leurs rôles. En Jésus, le Père et l'Esprit Saint sont à l'œuvre. Que font-ils ? Regardons Jésus. Lisons les évangiles.

« Qui me voit voit le Père. » (Jean 14, 9)

Jésus éclaire les cœurs.
Il guérit, redonne courage,
annonce le pardon.
Il appelle et il rassemble.
Il dénonce le mensonge
et le goût du profit.
Il fait attention à chacun, même
aux plus méprisés de l'époque,
comme les enfants. Il aime ses
ennemis. Au jour le jour, il donne
sa vie pour nous ouvrir à la vie
d'enfants de Dieu.

LOUANGE

*Gloire à toi
qui étais mort,
Gloire à toi
qui es vivant,
Viens Seigneur
Jésus !*

SUIVRE JÉSUS-CHRIST

**Le chemin du Christ mène très loin. Mais il commence
tout près, dans les choses les plus ordinaires de la vie.
Cherche une chose simple
que tu peux faire pour suivre Jésus.**

_____
_____
_____

DIEU ESPRIT

Il ne s'agit pas de répéter mécaniquement ce que Jésus a dit, de mimer ce qu'il a fait. Il faut vivre dans son esprit. C'est pourquoi il nous a donné son Esprit, l'Esprit Saint, qui ne fait qu'un avec lui et le Père.

Que fait l'Esprit Saint quand il vient ? Regardons ce qui se passe le jour de la Pentecôte : les Apôtres, qui avaient encore peur de ceux qui avaient condamné Jésus, sortent sur la place publique, poussés par l'Esprit.

« L'Esprit Saint vous enseignera toute chose. » (Jean 14, 26)

Ils se mettent à parler de Jésus
et ils se font comprendre
dans toutes les langues.
L'Esprit de Jésus rend libre
et audacieux.

Jésus a toujours voulu rassembler.
Son Esprit est esprit d'unité,
de communion.
Veux-tu vivre selon l'Esprit ?
Travaille sans cesse à construire,
reconstruire l'unité.

LOUANGE

Je crois en l'Esprit Saint qui est Seigneur et qui donne la vie !

VIVRE LES FRUITS DE L'ESPRIT

Veux-tu savoir si tu es en accord avec l'Esprit Saint ?
Demande-toi si tu trouves en toi ce que
saint Paul appelle les « fruits de l'Esprit » :
l'amour, la joie, la paix, la patience, la bonté,
la bienveillance, la foi,
la douceur, la maîtrise de soi.

LE CREDO

« Credo » veut dire « je crois ». Tous les dimanches à la messe, les chrétiens, d'un seul cœur, disent : « Je crois. » Le Credo nous parle du Père, du Fils et de l'Esprit, les Trois qui ne sont qu'Un, dans l'Amour, comme les trois anges forment un seul cercle autour de la table de l'eucharistie.

*Je crois en Dieu, le Père tout-puissant,
créateur du ciel et de la terre.
Et en Jésus-Christ, son Fils unique,
notre Seigneur,
Qui a été conçu du Saint-Esprit,
est né de la Vierge Marie,
a souffert sous Ponce Pilate,
a été crucifié, est mort et a été enseveli,
est descendu aux enfers,
est ressuscité des morts le troisième jour,
est monté aux cieux,
est assis à la droite de Dieu le Père
tout-puissant,
d'où il viendra juger les vivants et les morts.
Je crois en l'Esprit Saint,
à la sainte Église catholique,
à la communion des saints,
à la rémission des péchés,
à la résurrection de la chair,
à la vie éternelle.
Amen !*

LES PREMIERS CHRÉTIENS ÉTAIENT FIDÈLES À...

LA FRACTION DU PAIN

Pourquoi rompre le pain ? Pour que chacun reçoive un morceau ? Bien sûr. Mais aussi pour évoquer le Christ dans sa Passion : son corps a été brisé par la souffrance ; son cœur a été brisé par nos péchés.

Le monde est traversé de mille fractures : la haine, l'injustice, la mort. Le Christ les a connues. Il peut les guérir.

« Faites cela en mémoire de moi. » (Luc 22, 19)

LE BAPTÊME

Dans l'Église, depuis deux mille ans, certaines choses changent et d'autres restent. Par exemple, le baptême. Depuis toujours, quel que soit le pays, quel que soit l'âge, l'entrée dans l'Église se fait par le baptême. Le baptême est donc très important !

Penses-tu parfois à ton baptême ?
Tu te dis peut-être :
« Mon baptême, c'était autrefois, quand j'étais tout petit ; évidemment, je ne m'en souviens pas. »

Tu as raison et tu as tort.
Tu as raison : un jour, entouré de ta famille, tu as reçu le baptême. C'était autrefois.

« Au nom du Père, du Fils et du Saint-Esprit. »

Mais tu as tort aussi : Dieu n'oublie pas ce qu'il a fait.
Un jour, tu es né ; mais tous les jours tu es vivant.
Un jour, tu es né comme chrétien ; mais, tous les jours, tu peux vivre comme enfant de Dieu.
Quand tu fais le signe de la croix, rappelle-toi que tu as été baptisé et que tu vis désormais « au nom du Père et du Fils et du Saint-Esprit » : c'est la fierté des chrétiens.

MON BAPTÊME

DATE DE MON BAPTÊME : _____
LIEU : _____
MON PARRAIN : _____
MA MARRAINE : _____

Colle ici une photo de ton baptême.

LA CONFIRMATION

Vivre son baptême, vivre en enfant de Dieu,
vivre l'Évangile, suivre le Christ : est-ce toujours facile ?
Bien sûr que non. C'est pourquoi nous avons besoin
d'un surplus de lumière pour trouver le bon chemin,
d'un surplus de force pour faire la volonté de Dieu,
et surtout pour devenir capables de témoigner.

Qui donnera ce surplus de lumière
et de force, sinon l'Esprit Saint,
l'Esprit de Jésus ?
Le jour de la Pentecôte,
il a donné force et courage
aux Apôtres pour qu'ils annoncent
la résurrection de Jésus
(pages 20-21).

« Reçois l'Esprit Saint, le don de Dieu. »

La confirmation, c'est un peu notre Pentecôte.
Si tu aimes le Christ et que tu veux lui ressembler,
si tu veux partager ce bonheur et en témoigner,
commence à penser à la confirmation.
Renseigne-toi. Quand il sera temps, tu pourras
rejoindre d'autres jeunes pour aller ensemble
vers la confirmation.

MA CONFIRMATION

ÂGE DE LA CONFIRMATION DANS MA PAROISSE : _____
C'EST L'ÉVÊQUE QUI CÉLÈBRE LA CONFIRMATION.
NOM DE L'ÉVÊQUE DE MON DIOCÈSE : _____

Tu peux prier l'Esprit Saint en disant :

Viens Esprit de sainteté,
Viens Esprit de lumière,
Viens Esprit de feu,
Viens nous embraser.

L'EUCHARISTIE

L'eucharistie est un autre nom pour désigner la messe. Depuis toujours, les chrétiens se sont réunis, le dimanche (« jour du Seigneur »), pour faire mémoire de sa mort et de sa résurrection en célébrant l'eucharistie.

Pour la messe, nous commençons par nous rassembler dans l'église. Puis nous écoutons la Parole de Dieu et le prêtre la commente. Or, quand nous entendons la voix de quelqu'un que nous aimons, nous voudrions qu'il vienne et qu'il soit là. C'est ce que Jésus fait à la messe. Grâce au prêtre qui a été consacré spécialement pour

« Prenez et mangez, ceci est mon corps. »

nous donner le Christ, le pain et le vin deviennent le Corps et le Sang du Christ vivant.
Nous sommes heureux d'être avec le Christ et d'être réunis par lui. Nous en remercions le Père.
Nous lui rendons grâce : c'est le sens du mot « eucharistie ».
Jésus va plus loin encore : il vient en nous.
Si nombreux que nous soyons, nous ne faisons qu'un en lui : c'est la communion. Comment peut-on négliger pareil cadeau !

MA PREMIÈRE COMMUNION

DATE DE MA PREMIÈRE COMMUNION EUCHARISTIQUE : _____
LIEU : _____
HEURE DE LA MESSE DU DIMANCHE DANS MA PAROISSE : _____

Colle ici une photo
de ta première communion.

LA RÉCONCILIATION

Dieu veut que nous soyons des chrétiens en pleine forme, heureux de croire, fiers d'être les frères et les sœurs du Christ. Mais il sait nos faiblesses. Entre lui et nous, entre les autres et nous, nous creusons des fossés. Il peut les combler. Il peut nous réconcilier. Mais encore faut-il que nous le lui demandions.

Dans l'Évangile, nous voyons un homme qui se croyait imbattable du point de vue religieux. Et pourtant, quand il rencontre Jésus, il ne le reconnaît pas. Au même moment, une femme qui a beaucoup péché se jette aux pieds

« Va, tes péchés sont pardonnés. »

de Jésus en pleurant. Elle sait qu'elle a besoin de lui, elle a confiance en lui. Jésus lui pardonne et la montre en exemple.

Toi aussi, tu peux te jeter aux pieds de Jésus pour lui dire que tu l'aimes, que tu lui fais confiance et que tu regrettes tes péchés, ce que tu as fait de mal et qui t'a séparé de l'amour de Dieu. Le prêtre qui t'écoute dans le sacrement de réconciliation te pardonne au nom du Père, du Fils et du Saint-Esprit.

POUR SE PRÉPARER

Avant de recevoir le sacrement de réconciliation,
tu peux prier en disant :
*Je confesse à Dieu tout-puissant,
je reconnais devant mes frères,
que j'ai péché, en pensée, en parole,
par action et par omission.
Oui, j'ai vraiment péché.
C'est pourquoi je supplie la Vierge Marie,
les anges et tous les saints,
et vous aussi mes frères, de prier pour moi
le Seigneur notre Dieu.*

LE BAPTÊME

Dieu nous fait renaître comme ses enfants. Il nous adopte. Nous devenons frères et sœurs du Christ, membres de l'Église.

LA CONFIRMATION

L'Esprit Saint vient confirmer notre baptême. Avec lui, nous sommes équipés pour vivre en chrétiens et témoigner de l'Évangile.

Dieu, personne ne le voit, mais il a voulu donner des signes (quelque chose qui se voit et qui s'entend) pour que, à tous les moments de notre vie, nous soyons sûrs de sa présence et de son amour.

L'ORDINATION

Les évêques, les prêtres et les diacres sont appelés par Dieu pour continuer l'œuvre des Apôtres.
Ils annoncent l'Évangile, rassemblent l'Église, célèbrent l'eucharistie…

LE MARIAGE

Dieu donne son amour et sa force aux hommes et aux femmes pour qu'ils s'aiment toujours et deviennent ainsi le signe de l'amour fidèle de Dieu pour son peuple.

L'EUCHARISTIE

C'est le sacrement le plus parfait. Nous ne faisons qu'un avec le Christ, nous ne faisons qu'un dans le Christ pour rendre grâce au Père et aimer tous les hommes.

LES SEPT SACREMENTS

LA RÉCONCILIATION

Dieu pardonne à ceux qui regrettent ce qu'ils ont fait de mal. Il leur donne la force de son amour.

L'ONCTION DES MALADES

Ceux qui sont gravement malades sont marqués d'une huile sainte pour qu'ils gardent la force de croire au Christ ressuscité qui est la Vie.

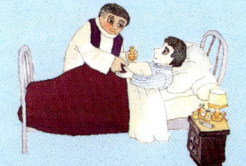

UNE ANNÉE AVEC DIEU

**Tout au long de l'année,
les chrétiens revivent les grands événements
de la vie de Jésus : c'est le calendrier liturgique.**

AUTOUR DE NOËL

De l'Avent (les quatre semaines avant Noël) à l'Épiphanie (la visite des mages), les chrétiens fêtent la naissance de Jésus. Il est la lumière du monde, l'Emmanuel, « Dieu avec nous ». Hier, aujourd'hui, à jamais.

AUTOUR DE PÂQUES

Pendant les quarante jours du Carême, les chrétiens se préparent à vivre la grande fête de Pâques. Jésus, condamné, mort sur la croix, est ressuscité et vivant. Puis, pendant cinquante jours, ils proclament joyeusement le Christ ressuscité. Alléluia !

À l'Ascension, Jésus monte auprès du Père, dans le ciel, mais il nous accompagne par son Esprit sur les routes de l'Évangile : c'est ce que nous fêtons à la Pentecôte.

LE 15 AOÛT

C'est la fête de Marie près de Dieu. Le passage de Marie, la mère de Jésus, dans la vie de Dieu est la promesse qu'après notre mort tous les hommes participeront comme elle à la vie de Dieu.

TOUSSAINT ET JOUR DE PRIÈRE POUR LES MORTS

Dans la lumière de la Résurrection, nous pensons à tous ceux qui ont cherché à vivre en amitié avec Dieu et qui sont déjà dans sa lumière (les « saints ») et à la foule innombrable des défunts. Nous croyons qu'ils prient pour nous et nous prions pour eux. Nous nous tendons les mains les uns aux autres et nos mains se rejoignent en Dieu.

ALLER À LA MESSE

Aujourd'hui, c'est dimanche, la cloche de l'église sonne pour appeler les chrétiens à la messe. Voilà une famille avec un bébé, une grand-mère, des enfants.
Et tous les autres, où sont-ils ?
Eux aussi le Christ les appelle et les attend.

Bien sûr, le dimanche, on peut dormir, laver sa voiture, mettre de l'ordre dans sa maison, faire du sport... Mais surtout, le dimanche, depuis deux mille ans, les chrétiens se rassemblent pour célébrer le Christ ressuscité.
Dans l'Empire romain, le dimanche n'était pas un jour férié : on se réunissait de la fin

« Heureux les invités au repas du Seigneur. »

de la nuit jusqu'au jour.
Puis chacun allait à son travail.
La messe est la fête d'une grande
famille, la famille des chrétiens.
Et celui qui t'invite à la fête,
c'est Dieu lui-même.
Si ta famille va à la messe
et que c'est un moment important
pour tous, réjouis-toi !
Si tu es seul, organise-toi : tu sais
très bien obtenir de tes parents
ce dont tu as envie !
Trouve un copain pour venir
avec toi ou accompagne un adulte
en qui tu as confiance.

INFO PLUS

Quelques noms pour la messe : fraction du pain, repas du Seigneur, Eucharistie, les saints Mystères, le saint Sacrifice, la sainte Cène.

POUR VIVRE LA MESSE

Lis les textes de la Bible la veille :
tu comprendras mieux. Prépare-toi à communier.
À l'église, fais quelque chose : distribue les feuilles,
fais la quête, chante, sois enfant de chœur…
Surtout, pense au Christ Jésus :
il est là pour toi et pour les autres.

LES PREMIERS CHRÉTIENS ÉTAIENT FIDÈLES À...

LA COMMUNION FRATERNELLE

Les disciples de Jésus mettaient leur argent en commun. Judas tenait la bourse. Les premiers chrétiens ont continué et les communautés religieuses, aujourd'hui, font de même. Nous sommes tentés de nous comparer aux autres : nous sommes malheureux si nous avons moins qu'eux ; nous faisons les fiers si nous avons plus. Demandons-nous plutôt : qu'avons-nous à partager ?

« Aimez-vous les uns les autres comme je vous ai aimés. » (Jean 15, 12)

AIMER

« **Quel est le premier de tous les commandements ?
– Tu aimeras le Seigneur ton Dieu de tout ton cœur, de toute ton âme et de tout ton esprit…
Et le second lui est semblable :
– Tu aimeras ton prochain comme toi-même.** »
(Matthieu 22, 36 à 39)

« Tu aimeras ton prochain comme toi-même. » *(Matthieu 22, 39)*

Jésus est interrogé sur la Loi. Il répond comme tout Juif doit répondre et sa réponse est toujours valable (voir pages 48-49). Mais il enchaîne sur un second commandement, semblable au premier. En effet, puisque nous sommes créés à l'image

et à la « ressemblance » de Dieu,
aimer Dieu, aimer son prochain, c'est
tout un. Il s'agit d'aimer le prochain
« de tout son cœur, de toute
son âme et de tout son esprit ».
Un autre évangile ajoute même :
« de toute sa force ».
Qui est ce prochain qu'il faut aimer ?
Jésus a répondu avec
la parabole du Bon Samaritain :
le prochain, c'est tout homme
qui est dans le besoin.
Même l'étranger. Même l'ennemi.
Jésus a répondu aussi avec sa propre
vie en aimant ceux qui le reniaient,
le trahissaient et le condamnaient.

PRIÈRE

Jésus, apprends-moi à aimer comme tu as aimé.

AIMER CHAQUE JOUR

Tu as peut-être déjà du mal à aimer tous les jours
ta famille et tes copains.
Alors, les autres, vous pensez !
Pourtant, c'est ce que Jésus nous demande.
Plutôt que de dire
« Je n'y arriverai pas », essaie, tu verras bien.

PARDONNER

(Pierre)
– Seigneur, jusqu'à combien de fois dois-je pardonner ? Jusqu'à sept fois ?

(Jésus)
– Je ne te dis pas jusqu'à sept fois, mais jusqu'à soixante-dix fois sept fois.
(Matthieu 18, 21-22)

À la maison, en classe, au club de sport ou à la danse, il nous arrive de faire de la peine aux autres, parfois sans même le savoir, parfois exprès. Il nous arrive aussi de souffrir de la maladresse ou de la méchanceté des autres.

« Ne jugez pas et vous ne serez pas jugés. » *(Luc 6, 37)*

Si nous ne savons pas pardonner ou demander pardon, nous laissons le péché envahir notre vie.

Parfois pardonner est vraiment difficile. Certaines personnes t'ont peut-être fait beaucoup de mal. Il te faudra beaucoup de temps, mais demande à Jésus de t'apprendre à pardonner. Sur la croix, il a dit :
« Père, pardonne-leur :
ils ne savent pas ce qu'ils font. »

PRIÈRE

Jésus, apprends-moi à pardonner comme tu as pardonné.

LES PREMIERS PAS

Il ne faut pas rester sur les petites blessures de tous les jours. Il faut retourner vers l'autre. Il suffit parfois d'un sourire, d'un mot. Ne garde jamais de rancune. Ne dis jamais : « Je me vengerai. » Peux-tu imaginer que Dieu dise « je me vengerai » quand tu agis mal contre lui ?

ÊTRE VRAI

« Quand vous dites oui,
que ce soit un oui.
Quand vous dites non,
que ce soit un non.
Tout ce qui est en plus
vient du Mauvais. »
(Matthieu 5, 37)

Sais-tu avec qui Jésus n'a pas pu s'entendre ? Avec les menteurs, les hypocrites, ceux qui font semblant, qui se font passer pour des hommes de bien et qui pensent au mal. Sur le mensonge, rien ne peut être construit, même si la vérité n'est pas toujours facile.

« Je suis le chemin, la vérité, la vie. » *(Jean 14, 6)*

Parfois, on n'a pas le courage de la dire, on ment par peur, pour se protéger ou pour se rendre intéressant.

Bien sûr, il n'est pas interdit d'imaginer des histoires. Les films, les bandes dessinées sont des histoires inventées et ceux qui nous les racontent n'ont pas l'intention de nous tromper, mais de nous faire rêver.

PRIÈRE

Jésus, tu es la Vérité. Apprends-moi à aimer la vérité.

ÊTRE VRAI

Sois vrai avec tes parents, ton maître d'école, les adultes qui t'entourent.
Mais sois vrai aussi avec tes copains.
Tu n'auras d'amis que si tu es vrai.
Sois vrai avec Dieu, dans la prière.
À quoi servirait-il de vouloir lui mentir ?

DONNER SA VIE

« Si quelqu'un veut venir à ma suite, qu'il se renie lui-même, qu'il se charge de sa croix et qu'il me suive. Qui veut sauver sa vie la perdra, mais celui qui perd sa vie à cause de moi et de l'Évangile la sauvera. »
(Marc 8, 34-35)

Elle est rude, cette parole de l'Évangile, mais elle est vraie. Pour être disciple de Jésus, il faut le préférer à tout, même à sa propre vie. Il faut être capable de renoncer à tout ce qui éloigne de Dieu. C'est ce que font les saints.

« Viens et suis-moi. » *(Matthieu 9, 9)*

Jour après jour, ils mettent Dieu en premier. Aimer Dieu « de tout son cœur, de toute son âme et de tout son esprit », c'est une chose que l'on apprend pendant toute la vie. Même si tu es encore bien jeune, il n'est pas trop tôt pour commencer !

Tu ne sais pas ce que sera ta vie. Seras-tu père ou mère de famille ? Prêtre, religieux ou religieuse ? Si tu sais écouter, tu entendras Dieu qui t'appelle.

PRIÈRE

Jésus, apprends-moi à te donner ma vie, comme tu as donné ta vie pour moi.

LA RECETTE DES SAINTS

Ne pas avoir peur des autres, les écouter, s'ouvrir à eux. Et s'ouvrir à Dieu. Vivre pour lui, sous son regard, en l'aimant : voilà le secret.

BÂTIR LA PAIX

« **B**ienheureux les artisans de paix, car ils seront appelés fils de Dieu. »
(Matthieu 5, 9)

Tu sais que bien des pays sont en guerre. Des missions humanitaires ou militaires essaient de limiter les dégâts. À l'intérieur des pays déchirés par la guerre, des hommes et des femmes de bonne volonté ont le courage de dire « Stop ! » : ce sont des artisans de paix.
Et toi, que peux-tu faire ? Si tu répands de fausses nouvelles ou des paroles blessantes ; si tu veux montrer

« La paix soit avec vous ! » *(Luc 24, 36)*

que tu es le plus fort ou la plus maligne ; si tu veux te venger de celui qui t'a fait du mal, tu déclencheras de petites guerres.

Si tu aides les autres à se réconcilier ; si tu empêches quelqu'un de se monter la tête ; si tu refuses d'entrer dans des clans ; si tu essaies de comprendre pourquoi des gens s'en veulent les uns aux autres et comment ils pourraient s'entendre, tu seras un artisan de paix.

Je ne sais pas comment se dit « artisan » au féminin, mais ces deux pages valent autant pour les filles que pour les garçons.

PRIÈRE

Jésus, tu me donnes ta paix. Apprends-moi à bâtir la paix.

BÂTIR LA PAIX
Cherche une chose que tu vas faire pour devenir un artisan de paix.

_____
_____
_____

PARTAGER

« Il y a plus de bonheur
à donner qu'à recevoir. »
(Actes 20,35)
**C'est une parole
qui n'est pas
dans les évangiles
mais qui résume si bien
la vie de Jésus,
jusqu'au bout !**

Jésus ne veut pas que nous soyons
malheureux. Il ne veut même pas
que nous soyons tristes.
Il veut notre bonheur.
Ceux qui donnent de bon cœur
ne le regrettent pas : ils sont heureux
que d'autres soient heureux.
Tes parents te disent sûrement
qu'il faut faire attention à tes affaires.

« Ce que j'ai, je te le donne. » *(Actes 3, 6)*

Ils ont raison : ce sont des affaires
qu'ils ont achetées pour toi,
avec leur travail.
De même, il faut empêcher le racket :
c'est une forme de guerre
où les forts dominent les petits.

Mais tu as quand même un peu
d'argent à toi. Qu'en fais-tu ?
Si tu ne penses jamais aux autres
maintenant, tu risques de ne jamais
y penser quand tu seras plus grand.

Fais profiter les autres de ce que tu as,
de ce que tu sais faire.
Non pour les éblouir ou les écraser,
mais parce que nous sommes appelés
à nous aider les uns les autres.

PRIÈRE

*Jésus,
tu n'as rien
gardé
pour toi,
tu as tout
donné.*

APPRENDRE À DONNER

Regarde autour de toi au lieu
de te refermer sur toi-même.
Vois grand. Sois généreux. Donne du temps,
de l'attention. Par exemple, en acceptant de jouer
avec un plus petit, un maladroit.

TÉMOIGNER

« **V**ous allez recevoir une force, celle de l'Esprit Saint… Alors, vous serez mes témoins à Jérusalem, dans toute la Judée et la Samarie, et jusqu'aux extrémités de la terre. »
(Actes 1, 8)

C'est la dernière parole de Jésus à ses disciples : elle vaut pour nous. Notre Judée et notre Samarie, ce sont les lieux où nous vivons, nos familles, nos copains, nos classes, nos clubs, nos équipes…

« Dieu l'a ressuscité, nous en sommes témoins. » *(Actes 3, 15)*

Pour pouvoir témoigner,
il faut d'abord connaître.
Si tu n'as rien vu, rien entendu,
comment peux-tu témoigner ?
Si tu veux être témoin du Christ,
apprends à le connaître, lis la Bible,
écoute sa Parole, parle-lui.
Il a dit que seuls les enfants
et ceux qui leur ressemblent
pouvaient entrer dans
son Royaume : profites-en.

PRIÈRE

*Jésus,
tu as été
le témoin
parfait
de l'amour
de Dieu.
Apprends-moi
à avoir
le courage
de témoigner.*

COMMENT TÉMOIGNER ?

Ne cache pas que tu es chrétien
et que tu veux le devenir davantage.
Vis comme Jésus. Rejoins d'autres petits groupes
de chrétiens dynamiques, ouverts aux autres.
Il te faudra de la force pour témoigner :
pense à la confirmation.

LE CHEMIN

Nous rêvons tous d'être heureux. Les commandements donnés par Dieu à Moïse indiquent un chemin de bonheur, pour chacun et pour la société.

LES DIX COMMANDEMENTS DE DIEU

Je suis le Seigneur ton Dieu.
Je t'ai fait sortir d'Égypte où tu étais esclave.
Tu n'auras pas d'autres dieux que moi.
Tu ne fabriqueras aucune idole.
Tu ne te serviras pas à tort du nom du Seigneur.
Tu n'oublieras pas de célébrer le jour du Sabbat.
Respecte ton père et ta mère.
Tu ne tueras pas.
Tu ne prendras pas la femme d'un autre.
Tu ne voleras pas.
Tu ne porteras pas de faux témoignage
contre ton prochain.
Tu ne convoiteras pas ce qui appartient
à ton prochain.

(d'après Exode 20, 1-17)

DU BONHEUR

**Les Béatitudes vont plus loin :
elles nous proposent d'avoir un cœur
semblable à celui de Jésus.**

LES BÉATITUDES

*Heureux les pauvres de cœur,
car le Royaume des Cieux est à eux !
Heureux les doux, car ils obtiendront la terre promise !
Heureux ceux qui pleurent, car ils seront consolés !
Heureux ceux qui ont faim et soif de la justice,
car ils seront rassasiés !
Heureux ceux qui aiment et pardonnent,
car ils seront dans l'amour de Dieu !
Heureux les cœurs purs, car ils verront Dieu !
Heureux les artisans de paix,
car ils seront appelés fils de Dieu !
Heureux ceux qui sont persécutés pour la justice,
car le Royaume des Cieux est à eux.*

(d'après Matthieu 5, 3-11)

LES PREMIERS CHRÉTIENS ÉTAIENT FIDÈLES À...

LA PRIÈRE

Croire en Dieu, c'est croire qu'il s'intéresse aux hommes, qu'il nous écoute, en particulier quand nous prions. Dans la prière, ce qui est difficile, c'est d'être fidèle tous les jours sans répéter machinalement les mêmes mots, sans réfléchir. Comment avoir toujours le goût de prier ? Comment se renouveler dans la prière ? Bref, comment prier ?

DES MOTS POUR PRIER

**Celui qui prie se tourne toujours vers Dieu.
Mais sa prière n'a pas toujours la même couleur.**

La prière est blanche comme la neige, blanche comme le soleil au milieu du jour quand je dis à Dieu : « **Merci !** »
*Je te rends grâce, Seigneur, de tout mon cœur,
j'énonce toutes tes merveilles.
Pour toi, j'exulte et je danse,
je fête ton nom, Dieu Très-Haut.* (Psaume 9, 2-3)

La prière passe au vert, couleur de l'espérance, quand je me tourne vers Dieu avec confiance : **« S'il te plaît ! »**
*Mais toi, Seigneur, Dieu de tendresse et de pitié,
lent à la colère, plein d'amour et de fidélité,
tourne-toi vers moi, prends pitié de moi !
Donne à ton serviteur ta force,
fais pour moi un signe de bonté !* (Psaume 85, 15-17)

La prière est de couleur sombre quand je dis à Dieu : « **Pardon !** » C'est la couleur des vêtements du prêtre dans les temps de pénitence, l'Avent et le Carême.

Pitié pour moi, mon Dieu, dans ton amour,
selon ta grande miséricorde, efface mes torts.
Lave-moi tout entier de ma faute,
purifie-moi de mon péché. (Psaume 50, 3-4)

MERCI
S'IL TE PLAÎT
PARDON
JE T'AIME

Le rouge est la couleur du feu, la couleur du sang qui passe par notre cœur : c'est la couleur de l'amour et de l'Esprit Saint. Elle convient à la prière quand je dis à Dieu tout simplement : « **Je t'aime !** »

Je t'aime, Seigneur, ma force.
Le Seigneur est mon rocher et mon rempart.
Aussi je te louerai chez les païens,
Seigneur, je chanterai pour ton nom. (Psaume 17, 2-3)

PRIER DU MATIN AU SOIR

Se lever, se coucher : deux moments forts de la journée. Deux moments à vivre avec Jésus pour que toute notre journée en soit éclairée.

À qui penses-tu en premier quand tu te réveilles ?
Ce serait beau de penser en premier à Dieu qui nous donne cette nouvelle journée pour grandir. Les deux mots-clés de la prière qui conviennent le mieux pour le matin sont :
« S'il te plaît ! » et « Je t'aime ! »

« Je bénirai le Seigneur, toujours et partout. »

Si nous commençons
la journée avec Jésus, nous avons
des chances de ne pas l'oublier
dans les heures qui suivront.
Le soir, il ne faut pas attendre
d'être déjà presque endormi
pour penser au Seigneur.
Nous lui disons : « Pardon ! »
et « Merci ! » Nous lui confions
nos soucis. Nous prions
pour ceux que nous aimons
et pour tous les hommes.
À chaque heure, nous pouvons
dire le Notre Père (page 77).

LOUANGE

Dans les monastères, les moines prient ensemble jusqu'à sept fois par jour. Quand tu pries, pense à tous ceux qui, dans le monde, prient en même temps que toi.

TU PEUX DIRE :

Le matin :
Ce matin, Seigneur, je me tourne vers toi.
Que ton amour m'accompagne
tout au long de ce jour.
Le soir :
Ce soir, Seigneur, je me tiens devant toi.
Garde-moi dans ta paix jusqu'à demain matin.

PRIER AVEC MARIE

Dans l'Évangile,
nous voyons Jésus qui prie,
longuement, la nuit,
tout seul. Nous voyons
aussi Marie en prière.
Elle repense à tout ce
qui est arrivé depuis le jour
où elle est devenue
la Mère du Seigneur.
Elle y pense
et elle rend grâce.

La grande prière de Marie est un chant de joie, le Magnificat : « Magnifique est le Seigneur ; tout mon cœur pour chanter Dieu. » Des quatre couleurs de la prière (pages 60 et 61), celles qui dominent dans le Magnificat sont le blanc (merci) et le rouge (je t'aime).

« Je suis la servante du Seigneur. » (Luc 1,38)

Marie ne demande pas pardon, car elle est sans péché. Elle a déjà dit « s'il te plaît » à Dieu, le jour de l'Annonciation. Elle ne demandait rien pour elle-même. Elle disait : « S'il te plaît, que tout se passe pour moi selon ta volonté. » Une belle leçon ! Nous aimons prier Marie. Elle ne tient pas la place de Dieu mais, sur la croix, Jésus nous l'a donnée pour mère. Un enfant n'hésite pas à parler à sa mère !

INFO PLUS

Tu peux lire le Magnificat dans l'évangile de Luc (1, 46-55).

POUR PRIER

N'hésite pas, demande souvent à Marie de prier pour toi.

Je vous salue, Marie, pleine de grâce.
Le Seigneur est avec vous.
Vous êtes bénie entre toutes les femmes
et Jésus, le fruit de vos entrailles, est béni.
Sainte Marie, Mère de Dieu, priez pour nous,
pauvres pécheurs,
maintenant et à l'heure de notre mort.
Amen !

LES JOURS DE BONHEUR

La prière est importante
tous les jours.
Dans le Notre Père,
nous parlons du pain
quotidien.
Dieu n'est pas réservé
pour les grands jours.
Mais il ne faudrait pas
non plus l'oublier
dans les grands jours !

À l'occasion d'un mariage
ou de la naissance d'un enfant,
les chrétiens se rassemblent à l'église
pour prier Dieu dans la joie.
Dieu veut notre bonheur.
Ne prive pas Dieu de ta joie
et de ton « merci », quand ta famille
et tes copains te souhaitent
ton anniversaire ; quand tu réussis

« Soyez dans la joie et l'allégresse. » (Matthieu 5, 12)

quelque chose de difficile à l'école, en sport, en musique…

Quand tu pars en vacances ; quand tu découvres la nature, si belle ; quand tu retrouves ceux que tu aimes après un temps de séparation…

Au moment de Noël, il faut prier beaucoup : sinon, tu ne penseras qu'aux cadeaux. Tu oublieras Jésus qui naît à Bethléem et tu oublieras les autres, dont beaucoup sont dans la misère.

INFO PLUS

L'Évangile montre souvent Jésus à des repas de fête. Pour un mariage, à Cana, il a même changé l'eau en vin.

TU GRANDIS
Ici, tu peux écrire une prière pour ton anniversaire.
_____
_____
_____
_____
_____

LES JOURS DE TRISTESSE

Il est plus facile de penser à Dieu quand ça va mal que lorsque tout va bien. Dans la peine, nous cherchons de tous côtés qui pourrait nous secourir. Dieu entend cette prière même si nous avons souvent l'impression qu'elle n'est pas exaucée.

Quelqu'un que tu aimes est malade, tu as peur qu'il meure, un de tes camarades de classe perd son papa ou sa maman, tes parents ne s'entendent pas, tu as l'impression que les autres ne t'aiment pas, tu t'es embarqué dans une mauvaise direction (histoires de vol, trafics, mensonges) : tu te sens vraiment triste et abandonné.

« Jésus, aie pitié de moi ! » (Marc 10, 47)

La prière ne supprime pas les difficultés. Mais Jésus peut t'aider à les porter. Lui aussi a été dans la peine. Il a même dit : « Mon âme est triste à en mourir. » Il te donnera du courage, de l'espérance, même devant la mort de ceux que tu aimes : la mort n'est pas le dernier mot. Il faut prier sans se lasser, en faisant confiance. La vraie prière porte toujours des fruits. Il faut parfois du temps pour le découvrir.

INFO PLUS

Quand on est triste, il ne faut pas rester tout seul dans son coin. Trouve quelqu'un à qui dire ce qui ne va pas : un parent, un ami, un adulte, ton parrain ou ta marraine, ton instituteur, un prêtre…

FAIS CONFIANCE

Seigneur, regarde ma famille avec bonté. Me voilà parfois chez Maman, parfois chez Papa. Aide-les à te faire confiance et à se reposer sur toi. Qu'ils sachent que tu les aimes et que tu les accueilles comme un Père. Que ton amour soit sur nous. Aide-moi à vivre dans la paix, avec la certitude que tu aimes ma famille telle qu'elle est.
Apprends-moi à aimer, comme tu aimes tous les hommes.

Prière d'un enfant pour sa famille séparée.

MA PAGE PRIÈRE

Tu connais les deux grandes prières des chrétiens : le Notre Père (pages 76-77) et le Je vous salue Marie (page 65). Tu as aussi lu quelques psaumes (pages 60-61). Mais si tu inventais toi-même des prières ? Par exemple, pour le matin et le soir : tu pourrais t'en servir. Peut-être connais-tu, ces temps-ci, une grande joie ou une peine très profonde : quelle est ta prière ?

INFO PLUS

N'oublie pas les mots-clés de la prière : merci, pardon, s'il te plaît, je t'aime.

PRIER AVEC SON CORPS

Il faut prier avec tout ce que nous sommes. Tu as un cœur pour aimer. Tu as une tête pour réfléchir. Tu sais, quand tu y repenses calmement, si tu as bien ou mal agi : cela s'appelle la « conscience ». Mais tu as aussi des bras et des jambes, des yeux et des oreilles…

La prière n'a pas toujours la même couleur. On ne prie pas non plus toujours dans la même position. La meilleure n'est pas forcément d'être assis : les chaises rappellent la classe, le fauteuil rappelle la télé…

Tu peux prier debout, même si tu es seul dans ta chambre, debout devant Dieu, non par orgueil, mais dans la dignité.

« Jésus sortit à l'écart, et là, il priait. » (Marc 1, 35)

Debout, tu peux facilement lever les yeux, ouvrir tes mains vers le ciel ou tendre les bras comme fait le prêtre à la messe.

Tu peux prier à genoux, accroupi sur tes talons. C'est une pose plus souple que de se tenir debout. Cela convient bien pour prier du fond du cœur, en silence, pour parler à Dieu comme un ami parle à son ami.

Nous pouvons prier à tout moment, même quand nous sommes couchés. Mais, attention, il ne faut pas confondre la prière et le sommeil !

INFO PLUS

La plus grande prière des chrétiens, c'est la messe.

ÉCOUTER

**La prière, ce n'est pas seulement parler, c'est aussi écouter.
Un beau silence en présence de Dieu est déjà une prière.**

Et si tu essayais ?

PRIER À LA MAISON

Si une église est ouverte près de chez toi, pousse souvent la porte. Mais tu peux aussi te faire un petit coin d'église dans ta chambre.

Que peux-tu mettre dans un coin prière ? Pose, ouvert, un évangile, une Bible, un missel ou un livre de prière, une ou plusieurs images du Christ (par exemple, une croix), de la Vierge, d'un saint.

« Quand tu pries, retire-toi dans ta chambre. » (Matthieu 6, 6)

Tu peux ajouter des photos de ceux pour qui tu pries : tes proches, des gens qui sont dans la joie ou dans la peine, le pape ou d'autres personnes.

Tu peux éclairer le coin prière avec une bougie. Allumer la bougie aide à se mettre en prière. Attention à ne pas mettre le feu. Tu peux aussi t'aider en écoutant et en fredonnant un chant que tu aimes.

Si tu n'as pas vraiment d'endroit à toi, fabrique un panneau sur un morceau de carton : tu le sortiras quand tu voudras prier.

INFO PLUS

Les belles images ou les icônes nous aident à prier.

DANS UNE ÉGLISE

Quand tu entres dans une église, prends le temps de faire lentement un beau signe de croix. C'est un peu comme dire bonjour. Par signe de respect, tu peux t'incliner en passant devant l'autel. Ensuite, cherche la petite lumière rouge près du tabernacle. Elle est le signe de la présence de Jésus. Agenouillé, ou assis, en silence, tu peux prier quelques instants.

LE NOTRE PÈRE

Le Notre Père nous a été donné par Jésus.
Il est la prière des chrétiens depuis deux mille ans.
Les chrétiens sont, hélas, divisés. Mais le Notre Père
leur est commun. C'est donc une perle précieuse.
C'est l'Esprit Saint, l'Esprit d'unité,
qui nous permet de le dire ensemble.

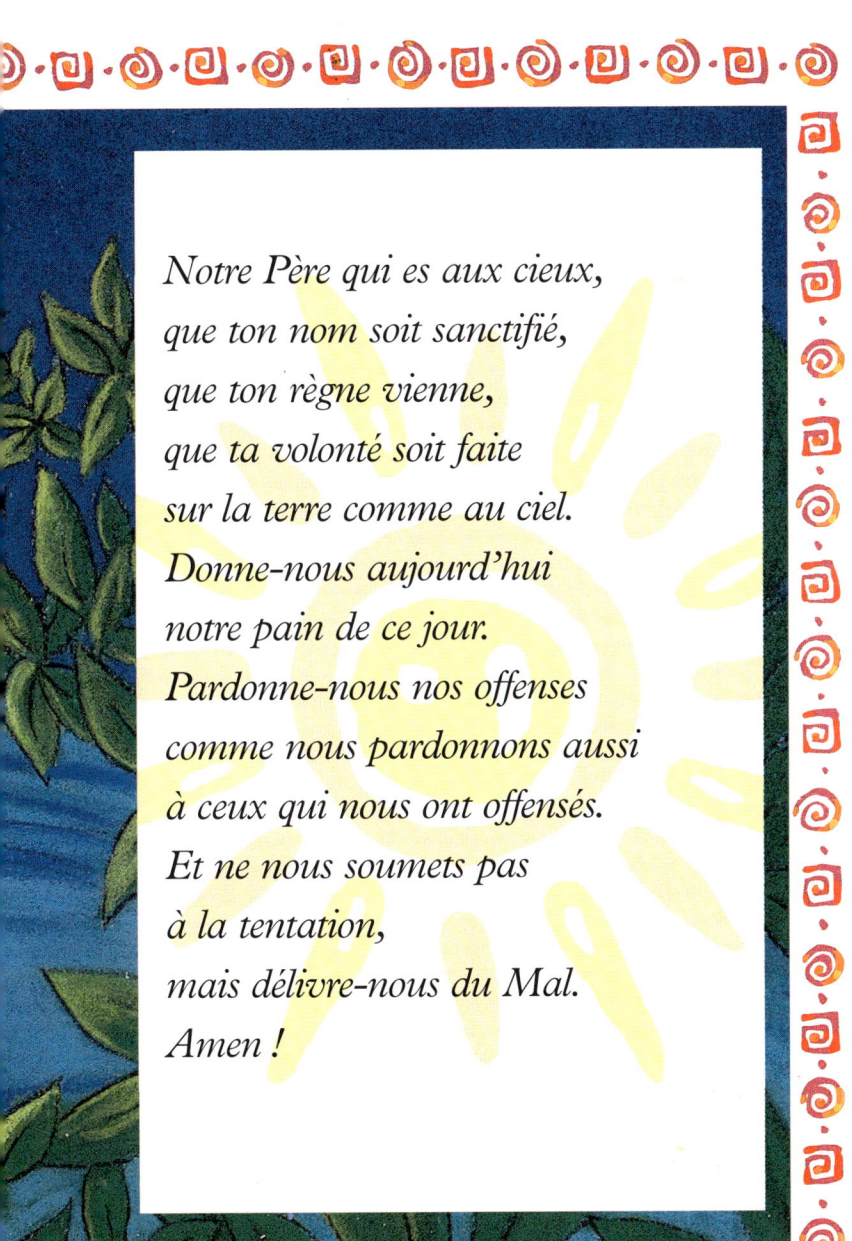

*Notre Père qui es aux cieux,
que ton nom soit sanctifié,
que ton règne vienne,
que ta volonté soit faite
sur la terre comme au ciel.
Donne-nous aujourd'hui
notre pain de ce jour.
Pardonne-nous nos offenses
comme nous pardonnons aussi
à ceux qui nous ont offensés.
Et ne nous soumets pas
à la tentation,
mais délivre-nous du Mal.
Amen !*

LA CROIX, SIGNE D'ESPÉRANCE

Ce petit livre s'est ouvert avec la croix :
elle est la carte d'identité des chrétiens.
Il se termine avec la croix
parce qu' « il n'y a pas de plus grand amour
que de donner sa vie pour ceux qu'on aime »
(Jean 15, 13).

Mais cette croix n'est plus l'instrument
de torture sur lequel Jésus est mort.
Elle est le passeport pour le Royaume,
la clé du trésor. Elle est ruisselante de lumière
parce que celui qui a été mis à mort
est aujourd'hui vivant. Il est ressuscité.
La mort ne pourra plus le rattraper.

Ce Jésus qui est notre frère est notre titre de gloire.
Il nous ouvre la vie éternelle, dans la joie de Dieu
qui est Amour : Père, Fils et Saint-Esprit.

Tout ce que nous sommes entrera dans la lumière.
C'est pourquoi notre profession de foi se termine ainsi :
*Je crois à la résurrection de la chair et à la vie éternelle.
Amen !*

ILLUSTRATION :
Stefany Devaux
Étienne Jung
Frédérick Mansot
Laurent Parienty

ÉDITION :
A Cappella Création

MAQUETTE :
Michèle Bisgambiglia

COUVERTURE :
Céline Ambroselli

CRÉDITS PHOTOGRAPHIQUES :
p. 4 : croix de Saint-Damien, église Saint-François d'Assise ; T. Schneiders / Artephot. p. 6 : proclamation de la Parole ; M. Crozet / Ciric. p. 12 : Jésus enseignant ses apôtres, Mexico, Musée San Carlos, Karoly Marko (1791-1860) / Dagli Orti. p. 16 : le Fils Prodigue, Rembrandt, Ermitage, Saint Pétersbourg ; John Pole / Alpha Oméga. p. 25 : fraction de l'hostie / Rémi Tournus. p. 41 : repas de Noël 1999, St Philippe du Roule ; A. Pinoges / Ciric. p. 59 : jeune en prière ; Pascale Leprince-Ringuet / Alpha Oméga. p. 62 : moniale en prière, fraternité monastique de Jérusalem, Vézelay ; John Pole / Alpha Oméga. p. 64 : Marie en prière, Notre-Dame des Fontaines, La Brigue ; John Pole / Alpha Oméga. p. 78 : croix / Petites sœurs de Jésus.

ISBN version brochée : 2-7041-0752-1
ISBN version reliée : 2-7041-0753-X

© Droguet et Ardant, Paris, 2001, pour l'ensemble de l'ouvrage.

© A.E.L.F. pour les textes liturgiques

N° d'édition : 20132

Dépôt légal : mars 2001

Photogravure : GOUSTARD

Impression : STIGE

« Loi n° 49-956 du 16 juillet 1949 sur les publications destinées à la jeunesse. »